AMEDÉE MERIEL

Ancien Conseiller municipal à Falaise et à Aubigny

LE SERGENT GOUBIN

BELLÊME
IMPRIMERIE DE E. GINOUX
1883

AMEDÉE MERIEL

Ancien Conseiller municipal à Falaise et à Aubigny

LE SERGENT GOUBIN

BELLÊME
IMPRIMERIE DE E. GINOUX
1883

LE SERGENT GOUBIN

La restauration, succédant au régime
impérial que le peuple, dans sa reconnaissance et son admiration, avait spontané-
ment et librement établi, se trouvait, à
son avènement, en présence d'une mission
bien délicate à remplir. Le maintien de
nos institutions démocratiques appuyées
sur une salutaire autorité. le respect du
passé et de ces gloires immortelles qui
n'étaient pas l'apanage d'un seul homme,
mais bien la propriété de la nation, s'im-
posaient au pouvoir nouveau et récla-
maient impérieusement de son habileté
une attitude de bienveillance particulière
et des ménagements exceptionnels.

Imprudemment conseillée, et subissant
le joug de l'étranger qui la réssuscitait, la
royauté ne comprit pas ce noble rôle et
ferma les yeux à l'évidence. Elle ne vit
pas les larmes qui sillonnaient le mâle

visage de nos vieilles phalanges ; elle n'entendit pas les amers regrets de tant de cœurs dévoués, ni cette immense voix de l'opinion, juge incorruptible, avec lequel tout pouvoir qui a le respect de soi-même et l'instinct de sa conservation doit nécessairement compter. Hélas ! elle prêta l'oreille aux regrettables inspirations de courtisans préoccupés seulement de leurs intérêts personnels, pygmées orgueilleux qui, voulant à tout prix déchirer du grand livre de l'histoire les impérissables pages gravées par la main de Napoléon, profanèrent les affections les plus saintes, méconnurent les droits les plus sacrés du peuple et changèrent ainsi en stupeur et en aversion l'indifférence profonde sur laquelle venait de s'élever leur autorité. Nous ne rappellerons pas ici les rigueurs exercées contre la presse, l'organisation d'une armée d'espions, les listes de proscription, le scandale des rénégats, ni les angoisses de la terreur blanche ; nous dirons seulement que le trône à cette époque ressemblait assez à une forteresse armée contre la nation.

Telle était la situation de la France, quand le 5 mai 1821 retentit la nouvelle de la mort de l'Empereur, cet illustre captif de la *Sainte-Alliance*, ce grand démocrate sagement autoritaire, si longuement et si cruellement torturé sur le rocher de Sainte-Hélène. L'impression que produisit cette catastrophe fut inouïe. Les ennemis du héros s'en réjouirent, et eurent la bassesse de publier quelques pamphlets que le gouvernement laissa vendre ; mais le peuple loyal, lui, et non oublieux, s'indigna ! des centaines de brochures inspirées par la vérité, la gratitude et ce sentiment si louable et si rare qui porte les grandes âmes vers les grandes infortunes, défendirent la mémoire du célèbre capitaine, du législateur profond, dont l'imposant génie avait éclairé le monde ; on les lut avidement ; on compara le présent avec le passé, et, à cette heure, la fabuleuse légende napoléonnienne se détacha si éclatante sur notre ciel ténébreux que la France entière ne voulut point ajouter foi à la mort de l'Empereur, et pensa que l'Aigle allait revenir de Sainte-Hélène comme il était venu de l'île d'Elbe, agile et victorieux. L'Empereur ! vraie baguette magique que ce nom ! puissant levier qui soulevait les masses dont il personnifiait les libertés et les droits, de même qu'il restait pour l'armée, au moment surtout où une guerre liberticide menaçait en Espagne, la plus pure et la plus belle de nos gloires ; devant cette nouvelle consécration plébiscitaire d'outre-tombe la cour s'inclina pâle et soucieuse, mais attentive aux moindres bruits et bien résolue à sévir pour la sauvegarde de son impopulaire existence.

Ainsi. la France démocratique se réveillait ; les hommes énergiques. les libéraux sincères et honnêtes se groupaient, étudiant en silence les moyens de rendre la Patrie en possession d'elle-même, et de soulever un joug despotique et imposé. Soldats de la nouvelle et de la vieille armée prirent bientôt part à ces mystérieuses conférences, à ces assemblées fréquentes et de plus en plus nombreuses connues dans le carbonarisme sous le nom de ventes, et qui comptèrent dans leur sein les démocrates les plus éminents. Si toute atteinte portée à un ordre de chose établi sans la participation du pays est une faute ou une imprudence, cette faute devient un crime de lèse-nation et de lèse-autorité quand le peuple a librement exprimé sa volonté et choisi directement son chef, son principe et son drapeau. Dans les circonstances présentes, la conscience de l'opposition n'était donc pas gravement engagée.

Le gouvernement ne tarda pas à être informé des dispositions hostiles qui devaient se manifester à Belfort, Saumur, Toulon, Nantes, etc., etc. ; il donna à ses agents les instructions les plus sévères et continua la regrettable série de ses persécutions. Des hommes de cœur et de mérite payèrent de la vie leur fidélité à l'Empire ou leur dévouement à la liberté. Evidemment, Louis XVIII ne pouvait voir sans amertume cette antipathie nationale prendre chaque jour de nouveaux développements ; mais pour en triompher prenait-il la bonne voie ? s'il eût écouté son bon sens et son cœur. lui que le peuple n'avait pas appelé, peut-être serait-il arrivé, par la douceur et le respect des hommes et des choses, à obtenir sinon la sympathie du moins la résignation des sujets de l'Empereur, et à éviter ainsi les murmures et la rébellion. Les châtiments ne firent qu'aggraver le mal.

C'est à ce moment que fut découverte la nouvelle et célèbre affaire, dite de la Rochelle, que le procureur général, le fougueux royaliste Bellard, l'ennemi acharné de Napoléon, l'accusateur public du maréchal Ney et le redoutable adversaire de la presse, se réserva avec l'espoir, déçu plus tard, d'exercer de rigoureuses poursuites contre les chefs principaux qui jouissaient d'une influence considérable. Le dénouement de ce drame fut seul entièrement connu, et il fut d'autant plus pénible et d'autant plus lugubre que les mesures des conjurés étaient encore et pouvaient rester à l'état de projet.

Au printemps de l'année 1821, le 45me de ligne, formé en 1816 des débris de l'armée de la Loire et d'un grand nombre d'engagés volontaires, et ayant pour colonel le marquis de Toustain, ancien émigré, fut appelé du Havre à Paris et caserné rue Jean-de-Beauvais dans une caserne située sur l'emplacement de l'ancien collège des Grassins, et possédant encore plusieurs chambres dont l'une avait été occupée par Boileau. L'esprit de ce régiment était libéral et en général hostile à la royauté. Parmi ses sous-officiers, se distinguaient quatre jeunes gens à l'imagination active, au patriotisme ardent, et dont le cœur, battant avec force aux souvenirs de gloire et de liberté, s'ouvrait avec une confiance presque enfantine aux plus généreuses aspirations, et leur préparait, sans qu'ils y songeassent, le chemin de l'immortalité. Aujourd'hui le 45me porte sur son drapeau quatre noms à jamais mémorables : Lodi, 1796 ; Austerlitz, 1805, Friedland, 1807 ; Magenta, 1859.

Bories, Jean-François-Louis Leclerc, sergent-major, était né à Villefranche, Aveyron, en 1795. Ce fut lui qui affilia ses collègues, Raoulx, Pommier et Goubin, et reçut leur serment de mourir pour l'indépendance et le bonheur de la France. Sa figure régulière et martiale rappelait le type romain. Doué d'une intelligence supérieure, il utilisait les courts loisirs que lui laissaient ses fonctions militaires dans la recherche des connaissances morales et philosophiques les plus élevées, études dont son civisme parfait cherchait à faire l'application pour l'avenir social du pays.

Raoulx, Marin-Charles-Bonaventure, sergent, âgé de 26 ans, né à Aix Bouches-du-Rhône, avait aussi une physionomie pleine de distinction. Il cachait une âme de feu sous une enveloppe froide et réfléchie ; profondément convaincu, il était prêt à tous les sacrifices pour le triomphe de ses idées et la régénération de la patrie.

Pommier, Jean-Joseph. sergent-major, âgé de 26 ans, né à Pamiers, Ariège, animé aussi de sentiments patriotiques, était avant tout loyal. aimant et dévoué ; l'amitié plus que la politique le fit entrer dans la coalition. Il devint carbonaro parce que ses amis l'étaient et parce qu'ainsi il pouvait partager leurs travaux et leurs dangers, et vivre ou mourir avec eux

Enfin Goubin, Thomas -Charles - Paul,

sergent, né à Falaise, paroisse Trinité, section de la Révolution, le 20 novembre 1798, de Marie-Anne-Catherine Révérend et de Charles-Léonard Goubin. Son enfance ne nous apprend rien de particulier ; il fit quelques bonnes études, et dut entrer dans un bureau d'où il ne sortit que pour satisfaire aux exigences du service militaire. Comme ses collègues, Goubin était libéral, désintéressé, brave, et d'un commerce éprouvé ; il apportait au service d'une cause pleine de périls, une gaieté et une insouciance qui devaient lui permettre de subir avec résignation les cruelles épreuves auxquelles les défenseurs de la vraie liberté sont généralement réservés.

Son père, marchand de tabac à Falaise, grand'rue Trini·é, dans une maison qui lui appartenait, portant le n° 53, et qu'occupe actuellement Mme Angot qui après lui géra le débit, eût trois enfants :

Charles, notre héros ;

Une fille q·i épousa M. Léonard Loisel, libraire à Falaise, rue Trinité, et qui mourut à Envermeu, près Dieppe, directrice des postes, laissant deux filles, dont l'une fut mariée à M. Chauvin, imprimeur à Falaise, rue Saint-Gervais, et l'autre qui remplaça sa mère dans la direction du bureau postal.

Puis une autre demoiselle, morte célibataire chez M. Lecrène, libraire à Falaise, place de la Poissonnerie.

En 1668, un Gilles Goubin était chapelier à Falaise.

Goubin, père, grand vieillard octogénaire, mourut en 1848 à l'heure où d'autres citoyens versaient aussi leur sang pour reconquérir leurs droits, et préparaient le retour de la démocratie napoléonienne.

Deux alertes qui se produisirent dans la caserne du 45me éveillèrent l'attention de l'autorité. Par une nuit de décembre, Bories, Raoulx et Pommier étant en permission temporaire, on entendit battre la générale. Goubin crut à un appel de ses amis, réveilla ses soldats, leur distribua des cartouches, fit charger les armes et descendit dans la cour où un officier lui apprit que le feu était à une manufacture royale. Goubin fit aussitôt rentrer ses hommes, et un rapport fut rédigé sur la prise d'armes qu'il avait commandée ; mais les soldats gardèrent le silence, et on dut se contenter des explications fournies par le jeune sergent.

Une autre alerte, provoquée par des espions du régiment qui avaient promis au colonel de prendre en flagrant délit de conspiration et de livrer leurs camarades, resta sans résultat pour les dénonciateurs ; mais le gouvernement, de plus en plus inquiet, prit la résolution d'envoyer le 45me à la Rochelle. Ce changement dérangea les projets de l'association qui prit cependant des mesures pour tenter un coup pendant le voyage. Ces moyens furent concertés entre les quatre sergents et des députés de la vente contrale à l'enseigne du roi Clovis, sur la montagne Sainte-Geneviève, derrière Saint-Etienne-du-Mont ; mais elles devaient rester infructueuses. Le régiment quitta Paris le 22 janvier 1822, passa par Orléans et arriva à la Rochelle le 14 février sans incident sérieux. Pendant le trajet, Bories fut l'objet d'une surveillance particulière et continuelle.

L'amour de la Patrie, si grand qu'il puisse être, ne saurait remplir complètement le cœur d'une nature exceptionnellement aimante et bonne. La femme, elle aussi, est une autre patrie dans le sein de laquelle naissent et se développent les espérances, les joies et les affections de la famille, et qui a d'incontestables droits à notre vénération. Peu de temps après leur arrivée à la Rochelle où le carbonnarisme comptait de nombreux adhérents, nos jeunes gens, nous pourrions dire des enfants, subirent l'irrésistible influence de ce sentiment qui dompte les volontés les plus impérieuses et éclaire toutes les profondeurs de l'âme. Leur choix fut heureux et leur affection partagée ; jamais l'énergie et la loyauté, la grâce et la vertu n'avaient cimenté des relations aussi pures que l'hymen devait consacrer. Hélas ! tout cet avenir de bonheur n'allait être qu'un rêve. Le frère de la douce et aristocratique fiancée de Bories, disent quelques écrivains, irrité de l'hostilité démocratique et de ce qu'il appelait une honteuse mésalliance, sans respect pour les croyances et les sympathies de sa sœur, jura la perte des conjurés.

Déjà un affilié avait informé le colonel qu'une réunion de Carbonari avait eu lieu au village de Lafond, le jour de la fête, dans l'auberge du Lion d'Or. Le colonel ordonna immédiatement une visite de chambrée ; mais on ne trouva que des cartouches et des poignards, et les quatre sergents furent laissés en liberté. Quant aux papiers relatifs à l'association, Bories les avait, dit-on, confiés à sa fiancée sur le dévouement de laquelle il pouvait entièrement compter, mais dont le frère, après une lutte violente et indigne, réussit à s'emparer, et qu'il communiqua lâchement à l'autorité. Cette communication amena l'arrestation des quatre sergents et de plusieurs de leurs compagnons au moment où, à la suite d'une dernière réunion, et après un douloureux et déchirant échange d'adieux et de serments avec celles qui devaient porter leurs noms, ils se disposaient à quitter le quartier et à gagner Saumur.

Ecroués d'abord à la prison de la Rochelle,

ils furent interrogés par MM. de Belleyme et Cassini, et laissèrent imprudemment échapper, moins Bories qui eut la force de garder le plus complet silence, quelques aveux desquels il résultait qu'une vente était organisée dans le sein du régiment, et que le but qu'on se proposait était ou l'établissement de la République ou la restauration de l'empire avec Napoléon II, roi de Rome et duc de Reischtadt, mais avant tout le bonheur et la liberté de la France. De la Rochelle, les prisonniers furent transférés à Paris, à la Force, puis à la Conciergerie où le même cachot les réunit. « Je ne demande qu'une chose, disait en souriant Goubin, c'est qu'on ne nous sépare pas au moment suprême ». Pauvres enfants ! ils avaient le pressentiment de leur sort, et leur courage ne faiblit pas un instant. Horrible destinée ! mourir quand on commence à vivre, quand on est aimé et que l'avenir se montre sous ses plus riantes couleurs ! .. Mais ils mouraient pour la France, et la gloire des martyrs les attendait.

Le 24 juillet, la chambre des appels de police correctionnelle renvoya les accusés devant la cour d'assises de la Seine. Massias, Hénon, Castille et autres y comparurent avec les quatre sergents. Les débats commencèrent le 21 août. La cour était présidée par M. de Monmerqué, et le siège du ministère public occupé par l'impitoyable avocat général Marchangy qui, après avoir été l'admirateur enthousiaste de Napoléon, s'était fait l'instrument des puissants du jour ; au banc de la défense se trouvaient MM. Mocquart, Chaix d'Est-Ange, et autres avocats de distinction. La première audience fut consacrée à la lecture de l'acte d'accusation.

Le 22 août on procéda aux interrogatoires. Le général Despinois, cité à la requête de Goubin et de Pommier, ne comparut pas. Le 29, les débats furent clos, et l'avocat général prononça son réquisitoire resté célèbre dans les annales judiciaires. D'abord, il fit un sombre tableau du carbonarisme, et signala ensuite le capitaine Massias et le sergent-major Bories, comme étant les principaux organisateurs d'une vente dans les rangs du 45e de ligne.

Mais malgré tout son talent, son implacable sévérité et ses éloquentes terreurs prouvèrent surabondamment que la cause des Bourbons était gravement atteinte, et que le sentiment national n'était pas avec eux.

Le 30, commencèrent les plaidoiries qui ne furent pas heureuses et indisposèrent le jury par leur tendance à innocenter complètement les accusés et à transformer leurs assemblées politiques en associations de bienfaisance. Enfin, le 4 septembre, les plaidoiries étant terminées, l'avocat général reprit la parole pour appeler sur Bories principalement l'inexorable sévérité des jurés. Fort de sa conscience, de la loyauté de ses intentions, de l'inexécution des projets conçus et de l'affection de ses collègues, Bories accueillit avec joie les paroles de son accusateur : « Oui, Messieurs, s'écria-t-il, je serai heureux si, en roulant sur l'échafaud, ma tête peut sauver celles de mes fidèles camarades ». Cette admirable abnégation resta sans écho. Entré à six heures et demie dans la salle de ses délibérations le jury en sortit à

neuf, rapportant un verdict affirmatif, et
le président des assises. en présence d'un
auditoire profondément attristé, prononça
le terrible arrêt qui condamnait Bories,
Raoul, Pommier et Goubin à la peine de
mort.

Les condamnés refusèrent de signer leur
pourvoi en cassation, et furent enfermés à
Bicêtre où le carbonarisme fit encore de
très louables mais infructueuses tentatives
en leur faveur. Le 21 septembre on les
ramena à la Conciergerie, et l'aumônier,
M. Montès, leur offrit les secours de son
ministère. Ils se montrèrent pleins de
respect pour ce vénérable ecclésiastique et
le remercièrent vivement en lui donnant
l'assurance que leur conscience était
exempte de reproches. A trois heures, le
bourreau précéda à la lugubre toilette, et
pendant ces douloureux préparatifs plusieurs députés libéraux imploraient vaine-
ment la clémence et la pitié royales que
l'opinion publique sollicitait aussi. En cette
circonstance, comme dans presque tous
les mouvements populaires, les petits
payèrent pour les grands.

Interrogés une dernière fois et au dernier moment, ces braves et infortunés jeunes gens refusèrent formellement de parler, et ne voulurent confier qu'à la mort le secret de hautes personnalités compromises. Quelques instants après, le funèbre convoi s'arrêtait sur la place de Grève, au pied de l'échafaud. Une immense clameur de désespoir et d'horreur retentit ; mais la délivrance était impossible. Toute la garnison de Paris était sous les armes avec fusils chargés. Un vieux soldat du 5ᵉ régiment d'infanterie de la garde royale, le père Lemarchand, récemment décédé, nous a raconté bien des fois qu'il était de garde à l'hôtel d'Elbeuf, place du Carrousel, et que notre concitoyen, le colonel Fouasse de Noirville, alors chef d'escadron au 2ᵉ grenadier, était de ronde le jour de l'exécution.

Raoulx d'abord, puis Goubin, Pommier et Bories ensuite, après avoir réuni et serré leurs cœurs dans une même étreinte, devant une foule agenouillée et devenue silencieuse et sombre, offrirent leur âme au juge suprême avec un héroïsme qui ne se démentit pas ; un sourire vint même effleurer encore les lèvres de Goubin, dont la dernière pensée fut sans doute pour sa ville natale. Les corps des malheureux suppliciés furent alors transportés au cimetière Montparnasse où un saule les abrita, et une humble pierre avec cet exergue :

« *21 Septembre 1822. 5 heures du soir* ».

recouvrit ce petit coin de terre, vaste comme la pensée, et béni par la démocratie. Pendant la nuit, un drapeau tricolore, orné d'un crêpe, fut placé sur la tombe ; mais l'autorité le fit immédiatement enlever.

Huit ans après, la dynastie bourbonnienne avait repris le chemin d'un exil infligé par le pays, et le 21 septembre 1830, jour anniversaire, les amis du peuple se donnaient rendez-vous sur la Grève et arrosaient de leurs larmes la place que les héros de la Rochelle avaient baignée de leur sang, eux qui n'avaient pas versé celui d'autrui ; puis on porta dans toutes les rues de Paris une immense bannière sur laquelle leurs noms étaient inscrits en gros caractères et leur innocence solennellement proclamée. On sait que l'habile ciseau du peintre David d'Angers a conservé à la postérité dans un admirable médaillon les traits intelligents et remarquables des quatre sergents. Nous avons entre les mains une épreuve de ce beau travail dont nous serons heureux de faciliter la reproduction.

Lorsque le prince Louis-Napoléon fit paraître son ouvrage sur l'organisation du travail, M. Castille, l'un des conjurés de la Rochelle, qui avait survécu à ce drame regrettable. prit la respectueuse liberté d'adresser à son Altesse, en son nom et au nom de ses amis, des félicitations, dont le futur empereur des Français, acclamé par près de huit millions de suffrages, le remercia ainsi :

Fort de Ham, le 4 Octobre 1844.

Monsieur,

J'ai été bien touché de la lettre que vous m'avez adressée au nom de plusieurs personnes de la classe ouvrière, et je suis heureux de penser que quelques-uns de mes concitoyens rendent justice au patriotisme de mes intentions.

Un témoignage de sympathie de la part d'hommes du peuple me semble cent fois plus précieux que ces flatteries officielles que prodiguent aux puissants les soutiens de tous les régimes. Aussi, m'efforcerai-je toujours de mériter les éloges et de travailler dans l'intérêt de cette immense majorité du peuple français qui n'a aujourd'hui ni droits politiques ni bien-être assuré, quoi qu'elle soit la source reconnue de tous les droits et de toutes les richesses.

Compagnon des malheureux sergents de la Rochelle, vous devez parfaitement comprendre quelles sont mes opinions et quels sont mes sentiments puisque vous avez souffert pour la même cause que moi. Aussi, est-ce avec plaisir que je vous pre d'être auprès des signataires de la lettre que vous m'avez adressée l'interprète de mes sentiments de reconnaissance, et recevez, Monsieur, l'assurance de mon estime et de ma sympathie.

Louis Napoléon.

En 1846, la pierre tombale des quatre sergents fut indignement enlevée ; mais une main amie obtint de réparer cet outrage à la mort et à la liberté. Voici, d'ailleurs, les renseignements que le 26 avril 1881 M. le conservateur du cimetière du sud avait l'obligeance de nous faire parvenir :

Monsieur,

« En réponse à votre lettre du 25 de ce mois, concernant la sépulture des quatre sergents de la Rochelle, j'ai l'honneur de vous informer que cette tombe est en assez bon état d'entretien ; elle se compose, comme signes funéraires, d'une grille et d'une colonne brisée sur laquelle leurs noms ont été gravés. Cette tombe est fréquemment visitée. Agréez, Monsieur, etc. »

En terminant notre récit nous demandons qu'un monument soit élevé par souscription à la mémoire de notre concitoyen,

Et que Falaise enfin rende hommage à celui
Qui vécut pour le Peuple et sut mourir pour lui.

Gravons ses traits sur une plaque de marbre avec cette inscription :

20 NOVEMBRE 1798.

ICI NAQUIT

THOMAS-CHARLES-PAUL GOUBIN,

L'UN DES QUATRE SERGENTS DE LA ROCHELLE

MORT POUR LA LIBERTÉ ! ! !

21 SEPTEMBRE 1822.

A LA MÉMOIRE
DU SERGENT
GOUBIN